일빵빵 ONE DAY ONE SHOT 시리즈

원데이원샷 영중일·만년 다이어리 기초단어 편

온 가족이 함께,

영어 중국어 일본어 기초단어를 한 번에 공부할 수 있습니다.

외국어 발음을 한글로 표기하여 누구나 쉽게 따라 읽을 수 있고,

QR코드를 통해 3개국어 ~~~~~~~~~ 수 있습니다!

만년 달력 기능~~~~

만능 탁상용 캘린더입니다.

ONE DAY ONE SHOT
영중일 만년 다이어리 기초단어편

2019년 1월 2일 초판 1쇄 발행

펴 낸 이 | 일빵빵 어학연구소
기획편집 | 김연중, 김효준, 이경은
디 자 인 | 정인호
마 케 팅 | 차현지, 최은성
펴 낸 곳 | 토마토출판사
주　　소 | 경기도 파주시 회동길 216 2층
T E L | 1544-5383
홈페이지 | www.tomato-books.com
E-mail | support@tomato4u.com
등　　록 | 2012. 1. 1.
I S B N | 979-11-85419-75-6 (14700)

Let's
일빵빵

더욱 다양한 외국어 공부 컨텐츠를 원하시면,
구글플레이/앱스토어에서 '렛츠일빵빵' 어플을 다운 받으시고,
유튜브에서 '일빵빵'을 검색&구독해주세요!

아버지

father

f아덜

爸爸	お父さん
	とう
빠ㆍ바	오토-상

어머니

mother

마덜

妈妈	お母さん
	かあ
마→마	오카-상

재미있는

funny

f어니

有趣	面白い
	おもしろ
요∨우 춰↘	오모시로이

아들

son

썬

儿子	息子
	むすこ
얼r／쯔	무스코

무서운

scary

스께뤼

可怕	怖い
	こわ
ㅋ∨어 파﹨	코와이

daughter

떠어럴

女儿	娘
	むすめ
뉘∨ 얼r↗	무스메

겸손한

humble

험벌

谦虚	謙遜な
	けんそん
치→엔 쉬→	켄손나

삼촌

uncle

앙커우

叔叔	おじさん
슈r→ 슈r	오지상

warm

웜

暖	あたたかい
누∨안	아타타카이

고모 / 이모

aunt

앤트

姑姑 / 阿姨	おばさん
꾸→ 구 / 아→ 이↗	오바상

hot

하트

热	暑い
르r ゝ어	あつ
	아츠이

할아버지

grandfather

그뤤f아덜

爷爷	おじいさん
예╱예	오지-상

추운

cold

커우드

冷	寒い
렁∨	さむ 사무이

할머니

grandmother

그뤤마덜

奶奶	おばあさん
나∨이 나이	오바ー상

지루한

boring

뽀어륑

无聊	退屈な
	たいくつ
우ˊ 리ˊ 아오	타이쿠츠나

오빠 / 형

elder brother

에오덜 브롸덜

哥哥	お兄さん
	にい
끄→어 끄어	오니一상

화난

angry

엥그뤼

生气	怒った
	おこ
셩r→ 치↘	오콧타

남동생

younger brother

양걸 브롸덜

弟弟	弟 おとうと
띠\ 디	오토ー토

special

스뻬셔우

特別	特別な
	とくべつ
트＼어 비／에	토쿠베츠나

언니/누나

elder sister

에오덜 씨스털

姐姐	お姉さん
	ねえ
찌∨에 지에	오네ー상

quick

퀴크

快	早い
	はや
콰〉이	하야이

여동생

younger sister

양걸 씨스털

妹妹	妹
	いもうと
메〵이 메이	이모-토

늦은

late

레일

迟 / 晚	遲い
츨r↗ / 완∨	おそ 오소이

JAN

13

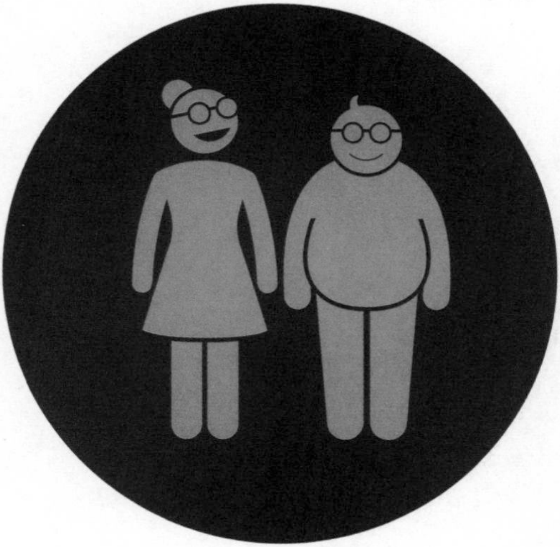

부모님

parents

페런츠

父母	両親
	りょうしん
f우↘ 무∨	료ー싱

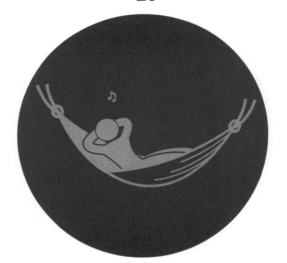

자유로운

free

f뤼

自由	**自由な**
	じ ゆう
쯔↘요↗우	지유ㅡ나

남편

husband

허스뻔d

丈夫	夫
	おっと
짱r↘ f우	옷토

긍정적인

positive

퍼지티브

乐观	ポジティブな
르ゝ어 구→ 안	ぽ じ て ぃ ぶ 포지티부나

아내

wife

와이f으

妻子	妻
	つま
치→쯔	츠마

wrong

뤄엉

错	間違った
추〉어	まちが 마치갓타

아이 (자녀)

child

좌일드

孩子	子ども
하 ╱ 이 쯔	코도모

right

롸이트

对	正しい
	ただ
뚜↘웨이	타다시이

친구

friend

f으뤠d

朋友	友達
	ともだち
펑↗요우	토모다치

외로운

lonely

론리

孤独	寂しい
	さび
꾸→ 두↗	사비시이

봄

spring

스쁘륑

春天	春
	はる
춘r→ 티→엔	하루

건강한

healthy

헤어씩

健康	健康な
찌＼엔 캉→	けんこう 켕코ー나

여름

summer

썸멀

夏天	夏
	なつ
씨↘아 티→엔	나츠

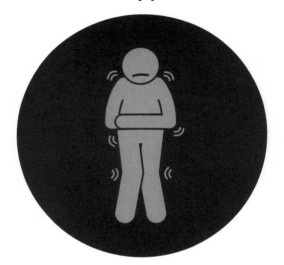

아픈

sick

씩크

疼	痛い
	いた
텅 ↗	이타이

autumn / fall

어텀 / f어

秋天	秋
	あき
치→어우 티→엔	아키

귀여운

cute

큐트

可爱	可愛い
	か わい
ㅋ∨어 아∖이	카와이ー

겨울

winter

윈털

冬天	冬
	ふゆ
똥→ 티→엔	후유

DEC

12

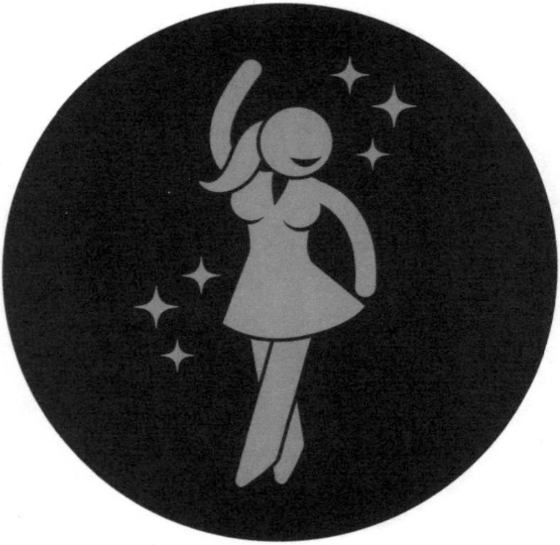

아름다운

beautiful

삐유티f어

美(丽)

메∨이(리↘)

美しい
うつく

우츠쿠시이

평일

weekday

위크데이

平日	平日
	へいじつ
핑╱ 르r╲	헤ー지츠

바쁜

busy

忙

망↗

忙しい
いそが
이소가시이

주말

weekend

위켄d

周末	週末
	しゅうまつ
죠r→우 모↘어	슈ー마츠

용감한

brave

브뤠이브

勇敢	**勇敢な**
	ゆうかん
용 ∕ 깐 ∨	유ー칸나

1월

January

제뉴왜뤼

一月	一月 いちがつ
이→ 위↘에	이치가츠

평범한

normal

노올머

平凡	平凡な
	へいぼん
핑╱ f안╱	헤ー본나

2월

February

f에뷰왜뤼

二月	二月
	に がつ
얼r↘ 위↘에	니가츠

유명한

famous

f에이머스

有名	有名な
	ゆうめい
요V우 밍↗	유ー메ー나

3월

March

말치

三月	三月
싼→ 위ㆍ에	さんがつ
	상가츠

weak

월

弱	弱い
	よわ
루r╲어	요와이

4월

April

에이프뤌

四月	四月
	しがつ
쓰↘위↘에	시가츠

강한

strong

스퐈앙

强	強い
	つよ
치／앙	츠요이

5월

May

메이

五月	五月
우∨ 위ㄟ에	ご がつ
	고가츠

못생긴

ugly

어글리

丑	不細工な
	ぶ さい く
쵸r∨우	부사이쿠나

6월

June

쮼

六月	六月
	ろくがつ
리ˋ어우 위ˋ에	로쿠가츠

예쁜

pretty

프뤼티

漂亮	綺麗な
	き れい
피\아오 리앙	키레ー나

7월

July

줄라이

七月	七月
	しちがつ
치→ 위↘에	시치가츠

멍청한

stupid

스튜피드

笨	バカな
	ば か
뻔 ╲	바카나

8월

August

어거스트

八月	八月
	はちがつ
빠→ 위＼에	하치가츠

똑똑한

smart

스말트

聡明	賢い
	かしこ
총→ 밍	카시코이

9월

September

쎕템벌

九月	九月
	く がつ
찌∨어우 위∖에	쿠가츠

sad

쎄드

心痛	悲しい
	かな
씬→통↘	카나시이

10월

October

억토우벌

十月	十月
쉴r↗ 위↘에	じゅうがつ
	쥬ー가츠

행복한

happy

해피

幸福	幸せな
	しあわ
씽ˋ f우ˊ	시아와세나

11월

November

노우웸벌

十一月	十一月
	じゅういちがつ
쉴r↗ 이→ 위↘에	쥬ー이치가츠

skinny

스끼니

痩	痩せた
	や
쇼r↘우	야세타

12월

December

디쎔벌

十二月	十二月
	じゅう に がつ
쉴r↗ 얼r↘ 위↘에	쥬ー니가츠

뚱뚱한

fat

f애트

胖	太った
	ふと
팡﹨	후톳타

월요일

Monday

먼데이

星期一	月曜日
	げつよう び
씽→ 치→ 이→	게츠요一비

싼

cheap

치잎

便宜	安い
	やす
피／옌 이	야스이

화요일

Tuesday

튜스데이

星期二	火曜日
씽→ 치→ 얼r↘	카요ー비

expensive

익스뻰씨브

貴	高い
	<small>たか</small>
꾸ヽ이	타카이

수요일

Wednesday

웬스데이

星期三	水曜日
씽→ 치→ 싼→	すいよう び
	스이요ー비

가난한

poor

푸얼

穷	貧しい
	まず
치↗옹	마즈시이

FEB

8

목요일

Thursday

썰스데이

星期四	木曜日
	もくよう び
씽→ 치→ 쓰↘	모쿠요―비

rich

뤼취

富有	リッチな
f우ˋ 요V우	りっち
	릿치나

금요일

Friday

f롸이데이

星期五	金曜日
	きんよう び
씽→ 치→ 우∨	킹요ー비

오래된

old

오우드

旧	古い
	ふる
찌ゝ어우	후루이

Saturday

쎄럴데이

星期六	土曜日
씽→ 치→ 리↘ 어우	どようび
	도요ー비

새로운

new

늬우

新	新しい
	あたら
씬→	아타라시이

일요일

Sunday

썬데이

星期天	日曜日
	にちよう び
씽→ 치→ 티→엔	니치요ー비

배부른

full

f우

饱	お腹が一杯の
바∨오	なか いっぱい
	오나카가입파이노

아침

morning

몰닝

早上	朝
쯔아∨오 샹r	아사

배고픈

hungry

형그뤼

饿	お腹が空いた
	なか　　　す
으ㅓ	오나카가스이타

점심

noon

눈

中午	昼
쭝r→ 우∨	ひる 히루

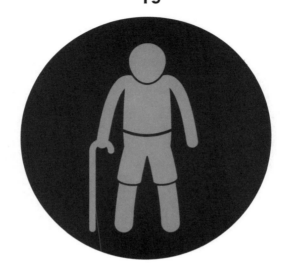

나이튼

old

오우드

老	年配の
	ねんぱい
라∨오	녠파이노

오후

afternoon

아f으털눈

下午	午後
씨ゝ아 우ˇ	고고

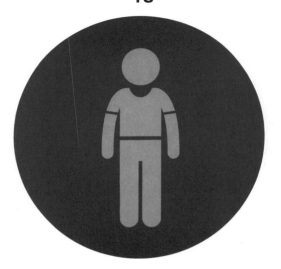

young

영

年轻	若い
	わか
니／엔 칭→	와카이

저녁

evening

이브닝

晚上	夜
	よる
완∨ 샹r	요루

bad

빼에드

坏	悪い
	わる
후ヽ아이	와루이

밤

night

나이트

夜	晚
	ばん
예\	방

good

꾸우드

好	良い
하∨오	이이

FEB

17

새벽

dawn

떠언

凌晨	夜中
링〝 천r〝	よなか 요나카

짧은

short

쇼울트

短	短い
	미지카
뚜∨안	미지카이

today

투데이

今天	今日 きょう
찐→ 티→엔	쿄ー

long

렁

长	長い
창r↗	なが 나가이

어제

yesterday

예스털떼이

昨天	昨日
	きのう
쭈ノ어 티→엔	키노一

small

스머어

小	小さい
	ちい
씨∨아오	치ー사이

내일

tomorrow

투머뤄우

明天	明日
밍↗ 티→엔	아시타

크다

big

삐그

大	大きい
	おお
따丶	오-키이

오늘밤

tonight

투나이트

今晚	今夜
	こんや
찐→ 완∨	콩야

여행하다

travel

트뤠버우

旅游	旅行する
	りょこう
뤼∨요╱우	료코ー스루

여기

here

히얼

这儿	ここ
쩔r ↘	코코

make

메이크

做	作る
	つく
쭈〉어	츠쿠루

저기

there

데얼

那儿	あそこ
날r↘	아소코

요리하다

cook

쿠우크

做饭	料理する
	りょう り
쭈ヽ어 f안ヽ	료ー리스루

집

house

하우스

家	家
	いえ
찌→아	이에

샤워하다

shower

샤월

洗澡	シャワーを浴びる
	しゃ わ あ
씨↗ 즈∨아오	샤와ー오아비루

침실

bedroom

벨룸

卧室	寝室
	しんしつ
워﹨ 실r﹨	신시츠

청소하다

clean

클린

打扫	掃除する
	そう じ
따〃 싸∨오	소ー지스루

거실

living room

리빙룸

客厅	リビング
	りびんぐ
ㅋㄟ어 팅→	리빙구

노래하다

sing

씨잉

唱歌	歌う
창r ↘ 끄→어	うた 우타우

욕실

bathroom

빼쓰룸

浴室	お風呂場
	ふ ろ ば
위＼ 실r＼	오후로바

운전하다

drive

드라이브

开车	運転する
	うんてん
카→이 츠r→어	운텐스루

화장실

toilet

토일레트

卫生间 洗手间	トイレ といれ
웨↘이 셩r→ 찌→엔 씨↗ 쇼r∨우 찌→엔	토이레

대답하다

answer

앤썰

回答	答える
후╱웨이 따╱	こた 코타에루

부엌

kitchen

키췬

厨房	キッチン
	きっちん
츄r↗ f앙↗	킷친

질문하다

ask

아스크

问	質問する
	しつもん
원↘	시츠몬스루

room

룸

房间	部屋
f앙↗ 찌→엔	へや
	헤야

싫어하다

hate

헤이트

讨厌	嫌いだ
	きら
타∨오 옌﹨	키라이다

소파

sofa

쏘우f아

沙发	ソファ
	そ ふ ぁ
샤r→ f아→	소화

NOV

1

사랑하다

love

러브

爱	愛する (あい)
아↘이	아이스루

침대

bed

뻬엘

床	ベッド
	べっど
추r / 앙	벳도

좋아하다

like

라이크

喜欢	好きだ
시∨환	스키다

door

또얼

大门	ドア
따˅ 먼˄	ど あ
	도아

움직이다

move

무우브

动	動く
	うご
똥\	우고쿠

창문

window

원도우

窗户	窗
츄r→앙 후	마도

기다리다

wait

웨이트

等	待つ
떵∨	마 츠

TV

television

텔레비전

电视	テレビ
	て れ び
띠↘엔 쉴r↘	테레비

잃어버리다

lose

루즈

丢	無くす
	な
띠→우	나쿠스

전화기

telephone

텔러f언

电话	電話機
	でんわき
띠⟍엔 후⟍아	뎅와키

찾다

find

f아인드

找	探す
	さが
쯔r∨아오	사가스

라디오

radio

뤠이디오

收音机	ラジオ
	らじお
쇼r→우 인→ 찌→	라지오

닫다

close

클로우스

关	閉める
	し
꾸→안	시메루

soap

쏘웊

肥皂	石鹼
	せっけん
f에╱이 짜╲오	섹켕

열다

open

오우펀

开	開ける
	あ
카→이	아케루

칫솔

toothbrush

투우쓰브뤄쉬

牙刷	歯ブラシ
	は ぶ ら し
야↗ 슈r→아	하부라시

오다

come

컴엄

来	来る
	く
라／이	쿠루

치약

toothpaste

투쓰페이슬

牙膏	歯磨き粉
	は みが こ
야↗ 까→오	하미가키코

가다

go

꼬우

去	行く
취↘	이쿠

수건

towel

타워우

毛巾	タオル
마／오 찐→	た お る 타오루

생각하다

think

씽크

想	考える／思う
	かんが　　　おも
시∨앙	캉가에루 / 오모우

냉장고

fridge

f우뤼즤

冰箱	冷蔵庫
뼁→ 시→앙	れいぞう こ
	레ー조ー코

알다

know

노우

知道	分かる／知る
즐r→ 따↘오	와카루 / 시루

세탁기

washing machine

워싱머쉰

洗衣机	洗濯機
씨∨ 이→ 찌→	せんたく き
	센탁키

배우다

learn

럴언

学	習う
	なら
슈／에	나라우

address

어드뤠스

地址	住所
	じゅうしょ
띠ヽ 즐rV	쥬ー쇼

가르치다

teach

티이취

教	教える おし
찌→아오	오시에루

flower

f우라월

花	花
	はな
후→아	하나

팔다

sell

쎄어우

卖	売る
	う
마↘이	우루

시간

time

타임

时间	時間
	じ かん
쉴r↗ 찌→엔	지캉

사다

buy

빠이

买	買う
마∨이	か 카우

휴식

rest

뤠에스트

休息	休憩
	きゅうけい
씨→우 시	큐ー케ー

부르다

call

커어

叫	呼ぶ
	よ
찌㇏아오	요부

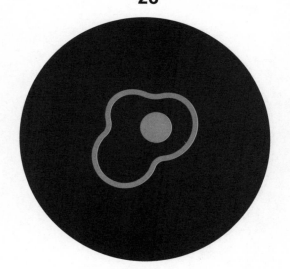

아침밥

breakfast

브뤡f어스트

早饭	**朝ご飯** あさ　はん
쯔∨아오 f안﹨	아사고항

말하다

speak

스뻬크

说	言う
슈r→어	い
	이우

점심밥

lunch

런츼

午饭	昼ご飯
	ひる　はん
우∨ f안 ↘	히루고항

쓰다

write

라이트

写	書く
씨∨에	카쿠

저녁밥

dinner

띠널

晚饭	晚ご飯
	ばん　はん
완∨ f안 ＼	방고항

읽다

read

뤼드

读	読む
	よ
뚜↗	요무

food

f우d

食物	食べ物
	た　　もの
쉴r↗　우↘	타베모노

뛰다

run

뛴

跑	走る
	はし
파∨오	하시루

숟가락

spoon

스뿐

勺子	スプーン
샤r⁄오 쯔	すぷ ん
	스푸ーㄴ

걷다

walk

워크

走	歩く ある
조∨우	아루쿠

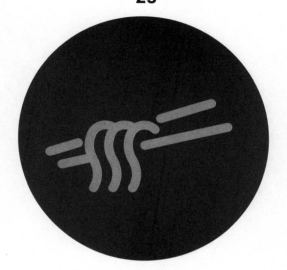

젓가락

chopsticks

촵스띡스

筷子	箸
콰ˋ이 쯔	하시

서다

stand

스땐드

站	立つ
	타
짠r ╲	타츠

컵

cup

컵

杯子	コップ
	こっぷ
뻬→이 쯔	콥푸

앉다

sit

씨트

坐	座る
	すわ
쭈ˋ어	스와루

접시

plate

플레일

碟子	皿
	さら
디ˊ에쯔	사라

깨다

wake

웨이크

醒	目覚める
씽∨	메자메루

water

워럴

水	お水
슈r∨웨이	오미즈

자다

sleep

슬맆

睡觉	寝る
슈r↘이 찌↘아오	ね 네루

coke

코우크

可乐	コーラ
ㅋV어 러ㄟ	코ー라

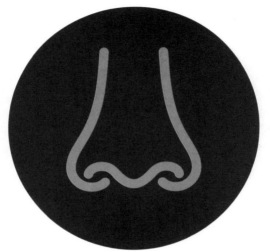

smell

스메어우

闻	嗅ぐ
	か
원↗	카구

juice

주우스

(果)汁	ジュース
(구∨어) 쥴r→	じゅ す
	쥬ー스

마시다

drink

드링크

喝	飲む
흐→어	の 노무

맥주

beer

삐이얼

啤酒	ビール
피↗지∨어우	비一루

먹다

eat

이트

吃	食べる
츨r→	타베루

커피

coffee

커f이

咖啡	コーヒー
	こ ひ
카→ f에→이	코−히−

느끼다

feel

f일

感覚	感じる
	かん
깐∨ 주ノ에	칸지루

밥

rice

롸이스

米饭	ご飯
미∨ f안﹨	고항

listen

리쓴

听	聞く
	き
팅→	키쿠

빵

bread

브뤠d

面包	パン
	ぱ ん
미↘엔 빠→오	팡

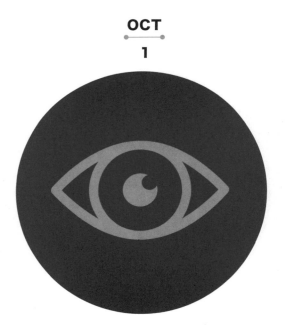

보다

look

룩크

看	見る
	み
칸＼	미루

죽 / 국물

soup

쑵

粥 / 汤

죠r→우 / 탕→

粥 / 汁
かゆ　しる

카유 / 시루

만나다

meet

미이트

见到	会う
	あ
찌\엔 따\오	아우

meat

미이트

肉	肉 にく
로r\우	니쿠

죽다

die

따이

死	死ぬ
쓰∨	시
	시누

치킨

chicken

최킨

炸鸡	チキン
쯔r↗아 찌→	ちきん 치킨

살다

live

리이브

活	生きる
	い
후 / 어	이키루

샐러드

salad

쌜러드

沙拉	サラダ
	さらだ
샤r→ 라→	사라다

공부하다

study

스따디

学习	勉強する
슈ノ에 씨ノ	べんきょう
	벵쿄ー스루

sauce

써어쓰

醬	ソース
	そ　す
찌ˋ앙	소ー스

일하다

work

월크

工作	働く
	はたら
꽁→ 쭈↘어	하타라쿠

초밥

sushi

쑤싀

寿司	寿司
쇼r↘우 쓰→	すし 스시

놀다

play

플레이

玩(儿)	遊ぶ
	あそ
완(r)↗	아소부

초콜릿

chocolate

쳐컬릿

巧克力

치∨아오 크ˋ어 리ˋ

チョコレート
ちょこれ　と

쵸코레ー토

끝내다

finish

f이니쉬

完 / 结束	終える
	お
완ノ / 찌ノ에 슈r丶	오에루

cake

케이크

蛋糕	ケーキ
	け　き
딴↘ 까→오	케ー키

시작하다

start

스딸트

开始	始める
	はじ
카→이 쉴r∨	하지메루

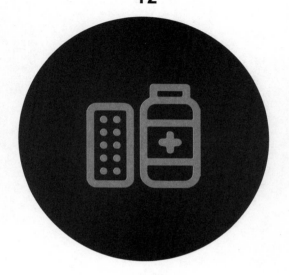

약

medicine

메드쓴

药	薬 くすり
야ˋ오	쿠스리

프랑스

France

f랜스

法国	フランス
	ふらんす
f아∨ 꾸╱어	후란스

햄버거

hamburger

햄버걸

汉堡	ハンバーガー
	はんばが
한ˋ 바ˇ오	함바ー가ー

영국

Britain

브뤼튼

英国	イギリス
잉→ 꾸ˊ어	いぎりす
	이기리스

사탕

candy

캔디

糖(果)	飴
	あめ
탕↗ (꾸∨어)	아메

독일

Germany

젤머니

德国	ドイツ
	どいつ
뜨↗어꾸↗어	도이츠

사과

apple

에퍼우

苹果	りんご
핑╱ 꾸∨어	링고

캐나다

Canada

캐나다

加拿大	カナダ
찌→아 나╱ 따╲	かなだ
	카나다

pear

폐얼

梨(子)	なし
리／(쯔)	나시

the United States

디 유나이티드 스떼이츠

美国	アメリカ
메∨이 꾸↗어	아메리카

딸기

strawberry

스뚸베뤼

草莓	いちご
차∨오 메∕이	이치고

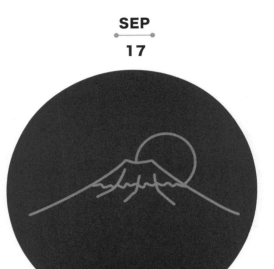

일본

Japan

져팬

日本	日本
르r↘ 번∨	に ほん 니홍

복숭아

peach

피취

桃(子)	もも
타 ╱ 오(쯔)	모모

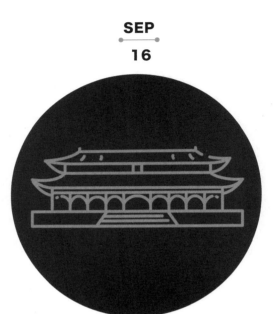

중국

China

차이나

中国	中国
쫑r→ 꾸ノ어	ちゅうごく
	츄ー고쿠

포도

grape

그뤠잎

葡萄	ぶどう
푸ノ 타오	부도ー

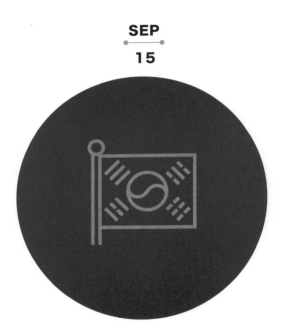

Korea

코뤼아

韩国	韓国
	かんこく
한ㆍ꾸ㆍ어	캉코쿠

tomato

토메이토우

西红柿	トマト
시→ 홍╱ 싈r╲	と ま と
	토마토

SEP

14

비자

visa

븨즈아

签证	ビザ
치→엔 쩡r↘	びざ 비자

야채

vegetable

베지트버우

蔬菜	野菜
슈r→ 차↘이	や さい
	야사이

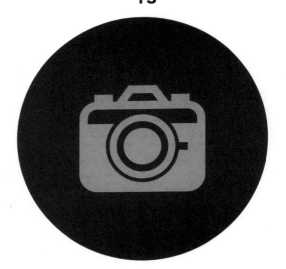

카메라

camera

캐머롸

照相机	カメラ
	かめら
짜r↘오 씨↘앙 찌→	카메라

fruit

f우루트

水果	果物
	くだもの
슈r╱웨이 푸∨어	쿠다모노

여행

trip

트륍

旅行	旅行
	りょこう
뤼∨ 씽↗	료코ー

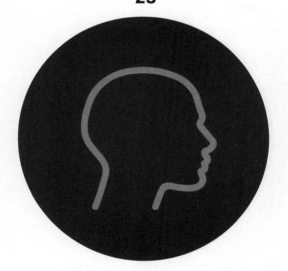

사람

people

피퍼우

人

런r↗

人
ひと

히토

사진

photo

f오우로우

照片	写真
짜r↘오 피↘엔	しゃしん
	샤싱

face

f에이스

脸	顔
	かお
리∨엔	카오

계획

plan

플랜

计划	計画
	けいかく
찌〉후〉아	케ー카쿠

hand

핸d

手	手
	て
쇼rV우	테

promise

프롸미스

约定	約束
위→에 띵↘	やくそく
	약소쿠

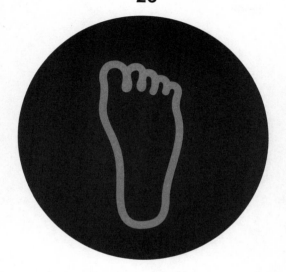

발

foot

f우트

脚	足
찌∨아오	あし 아시

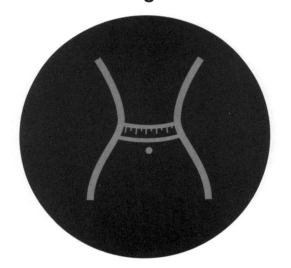

다이어트

diet

다이어트

減肥	ダイエット
	だ い え っ と
지∨엔 f에╱이	다이엣토

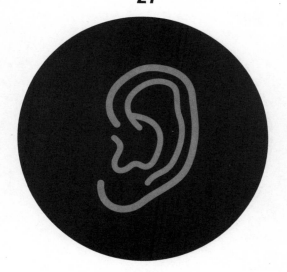

귀

ear

이얼

耳朵	耳
	みみ
얼r∨ 뚜어	미미

신혼여행

honeymoon

허니문

蜜月旅行	新婚旅行
	しんこんりょこう
미↘ 위↘ 에 뤼∨ 씽↗	싱콘료코ー

eye

아이

眼睛	目
	め
옌∨ 찡	메

데이트

date

떼일

约会	デート
	で と
위→에 후↘이	데ー토

nose

노우스

鼻子	鼻
ㄅㄧˊ ㄗ˙	はな
	하나

파티

party

팔티

晩会	パーティー
완∨ 후∖ 이	ぱ　　て　ぃ
	파ー티ー

mouth

마우스

嘴	口
	くち
쭈∨이	쿠치

노래

song

썽

歌	歌
	うた
끄→어	우타

옷

clothes

클로우스

衣服	服
이→ f우	ふく 후쿠

ticket

티케트

票	チケット
	ちけっと
피﹨아오	치켓토

모자

hat

해앹

帽子	帽子
	ぼうし
마〉오 쯔	보ー시

게임

game

깨임

游戏	ゲーム
	げ　む
요╱우 씨╲	게一무

치마

skirt

스껄트

裙子	スカート
	す か と
췬∕쯔	스카ー토

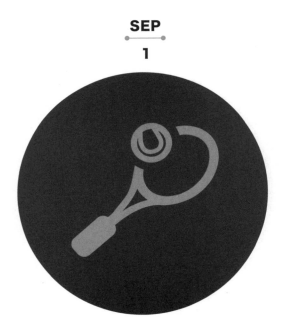

테니스

tennis

테니스

网球	テニス
	てにす
왕∨ 치╱어우	테니스

바지

pants

팬츠

裤子	ズボン
	ず ぼ ん
쿠ㆍ쯔	즈봉

수영

swimming

스위밍

游泳	水泳
	すいえい
요╱우 용V	스이에ー

티셔츠

t-shirt

티셜트

T恤衫	Tシャツ
	てぃーしゃつ
티〉쉬〉샨r→	티ー샤츠

피아노

piano

피애노우

钢琴	ピアノ
깡→친↗	ぴ あ の
	피아노

양말

socks

썩스

袜子	靴下
	くつした
와 ˋ 쯔	쿠츠시타

soccer / football

써컬 / f웃뻐

足球	サッカー
	さっか
주／우 치／어우	삭카―

신발

shoes

슈스

鞋	靴
	くつ
씨╱에	쿠츠

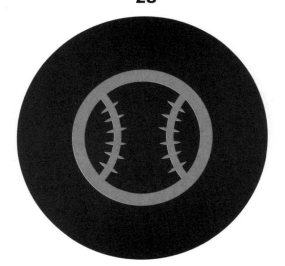

야구

baseball

페이스뻐

棒球	野球
	や きゅう
빵〉치〉어우	야큐ー

시계

watch / clock

워치 / 클럭

(手)表	時計
(쇼r↗우)비∨아오	토케ー

농구

basketball

빠스킷뻐

篮球	バスケットボール
	ばすけっとぼ る
란／치／어우	바스켓토보ー루

우산

umbrella

엄브뤨라

雨傘	傘
위⁄ 싼∨	카사

운동

exercise

엑썰싸이스

运动	運動
	うんどう
윈〉 똥〉	운도ー

안경

glasses

글라씨스

眼镜	眼鏡
	め がね
옌∨ 찡＼	메가네

comics

커믹스

漫画	漫画
	まん が
만↘ 후↘ 아	망가

지갑

wallet

워레트

钱包

치↗엔 빠→오

财布
さい ふ

사이후

law

러어

法律	法律
	ほうりつ
f아∨ 뤼＼	호ー리츠

개

dog

떠어그

狗	犬
	いぬ
꼬∨우	이누

연극

play

플래이

话剧	演劇
	えんげき
후↘아 쮜↘	엥게키

고양이

cat

케트

猫		猫
		ねこ
마→오		네코

언어

language

랭귀지

语言	言語
위∨ 옌↗	겡고

택시

taxi

택식

出租车	タクシー
추r→ 쭈→ 츠r→어	た く し
	타쿠시ー

영화

movie

무비

电影	映画
	えい が
띠ˋ엔 잉ˇ	에ー가

버스

bus

버스

公交车	バス
	ば す
꽁→ 찌→아오 츠r→어	바스

책

book

뿌우크

书	本
	ほん
슈r→	흥

자동차

car

칼

汽车	車
	くるま
치↘ 츠r→어	쿠루마

이야기

story

스또뤼

故事	話
	はなし
꾸〉 쉴r	하나시

비행기

airplane

에얼플래인

飞机	飛行機
	ひ こ う き
f에→이 찌→	히코ー키

novel

너버우

小说	小说
	しょうせつ
씨∨아오 슈r→어	쇼ー세츠

기차

train

트뤠인

火车	電車
	でんしゃ
후∨어 츠r→어	덴샤

영수증

receipt

뤼씨트

发票	領収書
	りょうしゅうしょ
f아→ 피↘아오	로ー슈ー쇼

배

ship

식프

船	船
	ふね
츄r↗안	후네

잡지

magazine

매거찐

杂志	雜誌
	ざっし
쯔╱아 즐r╲	잣시

지하철

subway

써브웨이

地铁	地下鉄
	ち か てつ
띠 \ 티 ∨ 에	치카테츠

신문

newspaper

뉴우스페이펄

报纸	新聞
	しんぶん
빠ˋ오 즈rV	심붕

거리

street

스뜨뤼트

街	街
	まち
찌→에	마치

money

머니

钱	お金
	かね
치 ╱ 엔	오카네

산

mountain

마운튼

山	山
	やま
샤r→안	야마

상사

boss

빠스

上司	上司
샹r↘ 쓰→	じょう し
	죠ー시

강

river

뤼벌

江	川
	かわ
찌→앙	카와

편지

letter

레럴

信	手紙
씬丶	て がみ
	테가미

바다

sea

씩이

海	海
하∨이	うみ
	우미

이메일

email

이메어우

电子邮件	Eメール
띠\엔 즈V 요/우 지\엔	이ー메ー루

공항

airport

에어폴트

机场	空港
	くうこう
찌→ 창r∨	쿠ー코ー

컴퓨터

computer

컴퓨럴

电脑	パソコン
	ぱ そ こ ん
띠↘엔 나∨오	파소콩

고속도로

highway

하이웨이

高速公路	高速道路
	こうそくどう ろ
까→오 쑤↘ 꽁→루↘	코ー소쿠도ー로

사무실

office

어f이쓰

办公室	事務室
	じ む しつ
빤＼ 꽁→ 실r＼	지무시츠

시장

market

말케트

市场	市場
	いち ば
쉴r↘ 창r∨	이치바

AUG

8

검정색

black

블래크

黑色

헤→이 쓰↘어

黑色
くろいろ

쿠로이로

도서관

library

라이브뤠뤼

图书馆	図書館
	と しょかん
투↗ 슈r→ 구∨안	토쇼캉

하얀색

white

와이트

白色	白色
바／이 쓰＼어	しろいろ
	시로이로

church

철츼

教堂	教会
	きょうかい
찌\아오 탕↗	쿄ー카이

lesson

레썬

课	授業
	じゅぎょう
ㅋㄜˋ어	쥬교ー

우체국

post office

포우스트 어f이스

邮局	郵便局
	ゆうびんきょく
요╱우 쮜╱	유一빙쿄쿠

AUG

5

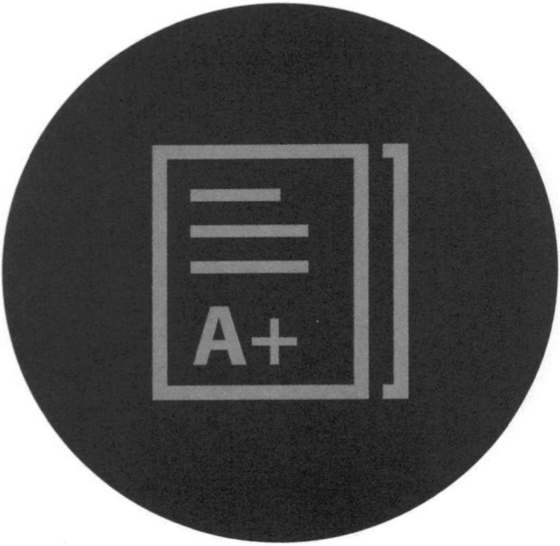

시험

exam

익잼

考试	**試験** し けん
카∨오 쉴r↘	시켕

정류장

station

스떼이션

站	停留所
	ていりゅうじょ
짠r↘	테ー류ー죠

예술

art

알트

艺术	芸術
	げいじゅつ
이 ↘ 슈r ↘	게ー쥬츠

호텔

hotel

호우테어

酒店	ホテル
	ほ て る
지∨어우 띠↘엔	호테루

AUG

3

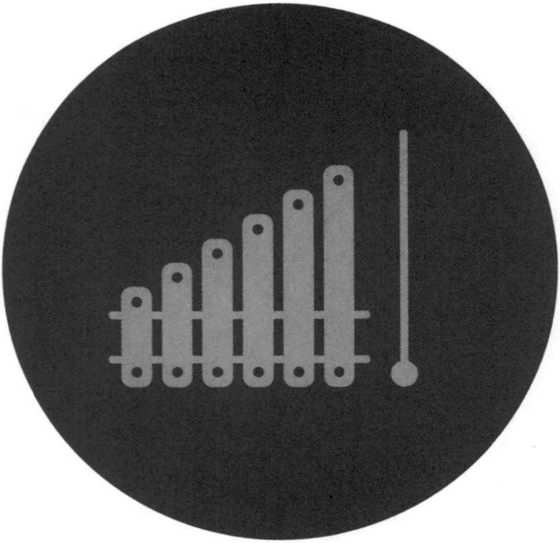

음악

music

뮤지크

音乐	音楽
	おんがく
인→ 위↘에	옹가쿠

가게

shop

셔엎

商店	店
샹r→ 띠↘엔	미세

대학교

university / college

유니벌씨티 / 커리쥐

大学	大学
	だいがく
따↘ 슈↗ 에	다이가쿠

공원

park

팔크

公园	公園
	こうえん
꽁→ 위↗엔	코ー엥

고등학교

high school

하이스꾸우

高中	高校
	こうこう
까→오 쫑r→	코ー코ー

박물관

museum

뮤지엄

博物馆	博物館
	はくぶつかん
보╱어 우╲구∨안	하쿠부츠캉

중학교

middle school

미더우스꾸우

中学	中学校
	ちゅうがっこう
쫑r→ 슈╱에	츄ー각코ー

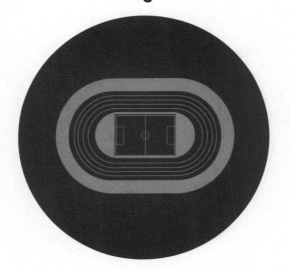

운동장

playground

플레이그라운드

操场	グラウンド
츠아→오 창r∨	그라운도

초등학교

primary school

프롸이메뤼 스꾸우

小学	小学校
	しょうがっこう
씨∨아오 슈↗에	쇼ー각코ー

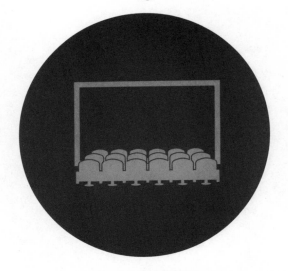

영화관

cinema

씨네마

电影院	映画館
	えい が かん
띠ˋ엔 잉ˇ 위ˋ엔	에―가캉

가방

bag

빼그

包	カバン
	かばん
빠→오	카방

식당

restaurant

뤠스토퐝

食堂 / 餐厅	食堂
쉴r↗ 탕↗ / 찬→ 팅→	しょくどう 쇼쿠도―

교과서

textbook

텍스트쁠

课本	教科書
	きょう か しょ
ㅋ\어 번∨	쿄ー카쇼

주차장

parking lot

팔킹러트

停车场	駐車場
	ちゅうしゃじょう
팅↗ 츠r→어 창r∨	츄一샤죠一

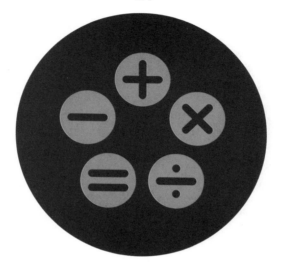

수학

math

매쓰

数学	数学
	すうがく
슈r↘슈↗에	스-가쿠

시내

downtown

따운타운

市内	市内
	しない
쉴r ＼ 네 ＼ 이	시나이

역사

history

히스토뤼

历史	歷史
리ˋ 싈rˇ	れき し 레키시

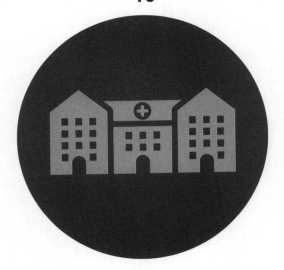

병원

hospital

허스삐토우

医院	病院
이→ 위↘엔	びょういん
	보ー잉

ようこそ
환영
欢迎
Welcome

한국어

Korean

코뤼언

韩语	韓国語
한╱위∨	かんこくご
	캉코쿠고

슈퍼마켓

supermarket

쑤펄말케트

超市	スーパー
	す　ぱ
차r→오 쉴r↘	스—파—

환영
ようこそ
Welcome
欢迎

일본어

Japanese

제페니스

日语	日本語
	に ほん ご
르r↘ 위∨	니홍고

농장

farm

f알므

农场	農場
농〉창r∨	のうじょう
	노ー죠ー

환영

欢迎

ようこそ

Welcome

중국어

Chinese

차이니스

汉语	中国語
한ˋ위ˇ	ちゅうごく ご
	츄ー고쿠고

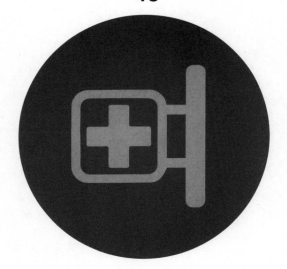

약국

pharmacy

f알머씩

药店	薬局
	やっきょく
야\오 띠\엔	약쿄쿠

환영
Welcome
欢迎
ようこそ

영어
English
잉글리쉬

英语	英語
	えい ご
잉→ 위∨	에ー고

동물원

ZOO

쯔우

动物园	動物園
	どうぶつえん
똥↘우↘위↗엔	도一부츠엥

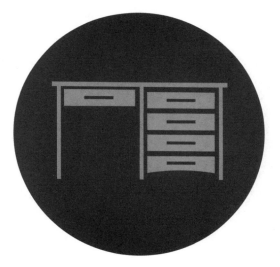

책상

desk

떼스크

桌子	机
쭈r→어 쯔	つくえ
	츠쿠에

직업

job

쨥

职业	職業
	しょくぎょう
즐r↗ 예↘	쇼쿠교ー

의자

chair

체얼

椅子	椅子
이ˇ쯔	이스

경찰

police

폴리스

警察	警察
찡∨ 차r↗	케ー사츠

교실

classroom

클라스룸

教室	教室
	きょうしつ
찌ヽ아오 쉴rヽ	쿄ー시츠

의사

doctor

떡털

医生	医者
	いしゃ
이→ 셩r→	이샤

숙제

homework

홈월크

作业	宿題
	しゅくだい
쭈＼어 예＼	슈쿠다이

선생님

teacher

티철

老师	先生
	せんせい
라∨오 쉴r→	센세ー

school

스꾸우

学校	学校
슈✓에 씨↘아오	がっこう 각코ー

변호사

lawyer

로열

律師	弁護士
	べん ご し
뤼〉 쉴r→	벵고시

기자

journalist

젤너리스트

记者	記者
	き しゃ
찌ˋ 져r∨	키샤

간호사

nurse

넬스

护士	看護師
후﹨쉴r	かんごし
	캉고시

경비원

guard

까알드

警卫	警備員
	けい び いん
찡∨ 웨ヽ이	케ー비잉

학생

student

스뷰던t

学生	学生
슈↗에 셩r	がくせい 각세ー

소방관

fire fighter

f아열 f이럴

消防員

씨→아오 f앙↗ 위↗엔

消防士
しょうぼう し

쇼ー보ー시

요리사

cook

쿠우크

厨师	料理人
	りょう り にん
츄r↗ 쉬r→	료ー리닝

flight attendant

f라이 어텐던트

乘务员	CA
	しーえー
청r↗ 우↘ 위↗엔	시―에―

운전사

driver

드롸이벌

司机	運転手
	うんてんしゅ
쓰→ 찌→	운텐슈

건축가

architect

알키텍트

建筑家	建築家
	けんちく か
찌↘엔 쭈r↘ 찌→아	켄치쿠카

가수

singer

씽얼

歌手	歌手
	か しゅ
끄→어 쇼r∨우	카슈

조종사

pilot

파일럿

飞行员	パイロット
f에→이 씽↗ 위↗엔	ぱ い ろ っ と
	파이롯토

웨이터

waiter

웨이럴

服务员	ウェイター
	うぇいた
f우↗ 우↘ 위↗엔	웨이타ー

비서

secretary

쎄크러뤠뤼

秘书	秘書
	ひ しょ
미↘ 슈r→	히쇼

작가

writer

롸이럴

作家	作家
	さっか
쭈↘어 찌→아	삭카

은행가

banker

뱅컬

銀行家	銀行員
	ぎんこういん
인／항／찌→아	깅코ー잉

화가

painter

페인털

画家	画家
후↘아 찌→아	が か
	가카

군인

soldier

쏘우절

军人	軍人
	ぐんじん
쮠→ 런r↗	군징

계산원

cashier

캐셜

收银员	レジ係
	れ じ がかり
쇼r→우 인╱ 위╱엔	레지가카리

교수
professor

펄f에썰

教授	教授
	きょうじゅ
찌＼아오 쇼r＼우	쿄ー쥬

디자이너

designer

띠쯔아이널

设计师	デザイナー
	で ざ い な
셔r↘ 찌↘ 쉴r→	데자이나ー

주부

homemaker

홈메이컬

主妇	主婦
	しゅ ふ
쭈r∨ f우∖	슈후

예술가

artist

알티스트

艺术家	芸術家
	げいじゅつ か
이↘ 슈r↘ 찌→아	게一쥬츠카

배우

actor

액털

演员	俳優
	はいゆう
옌∨ 위✓옌	하이유ー

과학자

scientist

사이언티스트

科学家	科学者
	か がくしゃ
크→어 슈↗에 찌→아	카가쿠샤

음악가

musician

뮤지션

音乐家	音楽家
	おんがく か
인→ 위↘에 찌→아	옹가쿠카

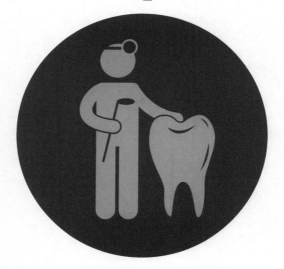

치과의사

dentist

땐티스트

牙科医生	歯科医師
야↗ 크→어 이→ 셩r→	しかいし
	시카이시

우체부

postman

포우슬맨

邮递员	郵便屋さん
요／우 띠＼ 위／엔	ゆうびん や
	유一빙야상